Copyright © 2020 by Angélica Kalil e Amma

O selo Seguinte pertence à Editora Schwarcz S.A.

Grafia atualizada segundo o Acordo Ortográfico da Língua Portuguesa de 1990, que entrou em vigor no Brasil em 2009.

CAPA E PROJETO GRÁFICO Carol Rossetti e Gabriel Nascimento
LETTERINGS Carol Rossetti
CONSULTORIA Giselle Christina
CHECAGEM Érico Melo
PREPARAÇÃO Cris Yamazaki
REVISÃO Ana Maria Barbosa e Ingrid Romão

Dados Internacionais de Catalogação na Publicação (CIP)
(Câmara Brasileira do Livro, SP, Brasil)

Kalil, Angélica
   Amigas que se encontraram na história : Volume 1 / Angélica Kalil ; ilustrações de Amma. – 1ª ed. – São Paulo : Seguinte, 2022. – (Amigas que se Encontraram na História ; 1)

   ISBN 978-85-5534-215-8

   1. Amizade – História 2. Personalidades – Biografia I. Amma. II. Título. III. Série.

22-112039   CDD-920

Índices para catálogo sistemático:
1. Personalidades : Biografia 920
Eliete Marques da Silva – Bibliotecária – CRB-8/9380

[2022]
Todos os direitos desta edição reservados à
EDITORA SCHWARCZ S.A.
Rua Bandeira Paulista, 702, cj. 32
04532-002 – São Paulo – SP
Telefone: (11) 3707-3500
www.seguinte.com.br
contato@seguinte.com.br

Siga a Seguinte
seguinte.com.br

Ouça o podcast
anchor.fm/estacaoseguinte

Texto de
ANGÉLICA KALIL

Ilustrações de
AMMA

Amigas que se encontraram na história Vol. 1

SEGUINTE

Amigas mudam o mundo!

1906
QIU & XU
p. 40

1955
ELLA & MARILYN
p. 100

1593
ELIZABETH & GRACE
p. 8

1944
CHAVELA & FRIDA
p. 70

1782
BARTOLINA & GREGORIA
p. 24

1946
IVONE & NISE
p. 86

1923
ANNIE & CECILIA
p. 54

1993
Mae & Nichelle
p. 116

2020
Angélica & Amma
p. 144

2015
Emma & Malala
p. 130

Amigas pelo mundo
p. 162

Agradecimentos
p. 169

Nota das autoras
p. 165

Nossa pesquisa
p. 171

ELIZABETH

& grace

Muito jovem e trancada numa torre, recebeu a notícia: sairia dali para ser coroada Rainha da Inglaterra! Estava presa por ordens da irmã, que chegou ao trono depois da morte do irmão, que virou rei por causa do falecimento do pai, que desejava deixar um sucessor homem. Só que não deu muito certo...

Queria ser pirata desde pequena, mas ouvia que isso era coisa de menino. E que seus enormes cabelos vermelhos poderiam enroscar em algum lugar do navio. Que não fosse por isso: cortou bem curtinho! Mas ele cresceu, assim como sua dona, que passou de criança a adulta em mil aventuras pelos MARES!

ELIZABETH I
Inglaterra, 1533-1603

Grace O'Malley
Irlanda, 1530-1603

1593

Rainhas não se curvavam uma diante da outra.

Por isso, Grace se manteve ereta ao entrar no palácio e encontrar Elizabeth pela primeira vez. A monarca poderia ter ficado zangada, mas não se importou e convidou a pirata para conversarem a sós perto da lareira. Afinal, tinham duas vidas inteiras para pôr em dia! A Inglaterra de Elizabeth e a Irlanda de Grace eram lugares com costumes e leis muito diferentes. E disputavam territórios em terra e no mar. Quando um dos filhos de Grace foi preso pelos ingleses, a rainha pirata decidiu que era hora de falar pessoalmente com a rainha da Inglaterra. E assim foi.

Elizabeth era popular e adorada pelos súditos.

Seu governo financiou muitos artistas, entre eles William Shakespeare!

ELIZABETH
foi criada por
GOVERNANTAS,
não deixou descendentes
e passou a vida dentro
de CASTELOS e
PALÁCIOS.

GRACE
cresceu com a
FAMÍLIA,
casou várias vezes,
teve quatro filhos e
VOAVA suas TRANÇAS
por onde bem entendia!

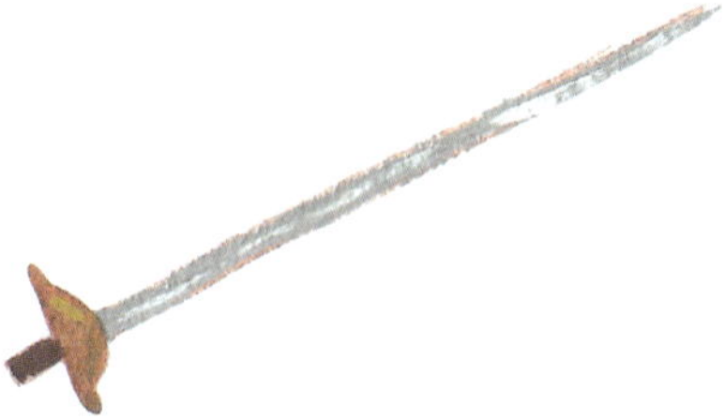

Foi a primeira mulher chefa de um clã na Irlanda.

Ambidestra, lutava com duas espadas!

Eram "RUIVAS", falavam várias línguas e tiveram destaque em uma época em que SÓ os HOMENS MANDAVAM (ainda mais do que hoje)!

SERÁ QUE JÁ EXISTIA Chá das Cinco NAQUELA ÉPOCA?

**Elizabeth mandou soltar
o filho de Grace.**

**Grace passou a ajudar na
defesa marítima de Elizabeth.**

Bartolina

& Gregoria

Revolucionária indígena que esteve à frente de um dos maiores levantes do período colonial das *Américas*. Foi muito mais do que esposa de um grande *líder*. Tomava decisões, bolava estratégias, julgava prisioneiros e comandava grandes exércitos. Era dessas.

Não aceitava nada menos do que mudar o mundo. De temperamento forte, organizada e mandona. Descrita como rainha, cacica, chefa, generala. Viveu intensamente e sem medo o que seu coração mandou: uma revolução e um grande amor.

BARTOLINA SISA
Bolívia, 1750-1782

gregoria apaza

Bolívia, 1751-1782

1782

Sobrou pouco para contar da história de Bartolina e Gregoria. Mesmo assim, seus feitos correram pelo tempo. Eram aimará, etnia da região da cordilheira dos Andes, e fizeram parte do grupo que liderou uma enorme rebelião contra a exploração e a violência dos colonizadores espanhóis. Depois de muita luta, a revolta de seu povo foi derrotada. As duas foram aprisionadas no mesmo lugar, torturadas durante meses e executadas juntas em praça pública. Não se sabe ao certo detalhes da vida delas, mas é possível imaginar. Basta fechar os olhos e sentir o silêncio do vento que chega das montanhas mais altas.

Bartolina era tecelã, atividade que acompanha os aimará até hoje.

Ganhou fama por ser inteligente, justa e humanitária.

Quase tudo o que sabemos sobre Bartolina está escrito nos documentos dos interrogatórios que fizeram com ela enquanto estava presa.

Os AIMARÁ vivem na região ANDINA desde muito antes de os EUROPEUS invadirem o continente hoje chamado de AMÉRICA.

Gregoria tinha um filho, e o enviou para longe dos conflitos quando a guerra estourou.

Foi mediadora dos diversos grupos indígenas que se uniram contra a colonização espanhola.

As cartas que trocava com o namorado hoje nos revelam seu espírito livre, assim como a paixão deles e os ideais que compartilhavam.

Eram "CUNHADAS".
Bartolina foi casada com o irmão que Gregoria adorava.

NÃO DESCOBRIMOS SEUS NOMES INDÍGENAS. *Uma pena.*

Bartolina e Gregoria nos deixaram sementes de sua coragem.

Elas dão flores e frutos cada vez que desejamos um mundo sem injustiças.

5 de SETEMBRO, data em que elas morreram, é o DIA da MULHER indígena.

QIU

& xu

Era contra os pés de lótus, uma tradição secular da China. Amarrados com força, os pés das meninas não conseguiam crescer e permaneciam pequenos, como era considerado bonito. Um hábito que causava dor, deformação e dificuldade de andar para sempre. Ao desobedecer as regras e desatar os próprios pés, ela entendeu que poderia voar.

O talento para fazer poemas apareceu quando ainda era bem criança. Foi educada em casa e na idade adulta trabalhou como diretora de uma escola só para garotas. Escreveu durante toda a vida e usou seu pincel para registrar importantes momentos históricos que viu acontecer diante dos seus olhos.

QIU JIN
China, 1875-1907

XU ZIHUA
China, 1873-1935

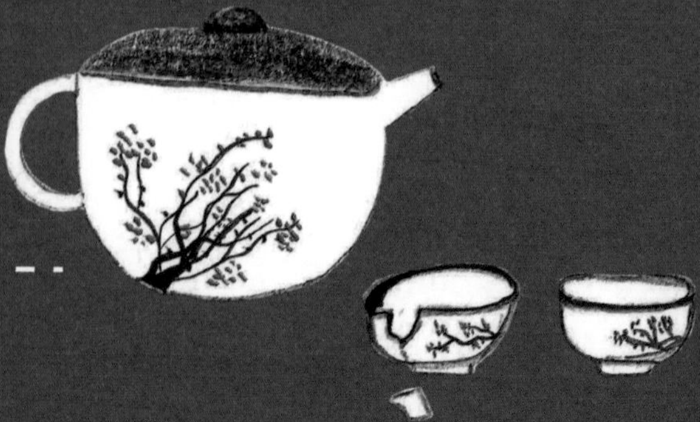

1906

Qiu e Xu tiveram uma grande ideia: criar o *Jornal das Mulheres Chinesas*! Elas se conheciam havia pouco tempo, mas já eram unha e carne. Tinham em comum um amor infinito pela poesia. E a crença de que um mundo melhor só seria possível se mulheres e homens pudessem se expressar livremente. As reportagens delas mostravam como era importante ter um trabalho, poder estudar e criar coragem para tomar decisões. O jornal foi fechado, pois o governo daquele tempo não queria que nada mudasse nos costumes do país. Mesmo assim, Qiu e Xu nunca desistiram de falar o que tinham para dizer.

Qiu adorava cavalos e livros, e deixou poemas belíssimos.

Era contra casamentos arranjados e abandonou o marido que a família tinha escolhido para ela.

Se vestia com roupas consideradas masculinas e praticava artes marciais.

ADORAVAM A LENDA DE
MULAN,
GUERREIRA CHINESA QUE SE *passou por* ═HOMEM═ PARA **LUTAR** NO LUGAR DO PAI.

DESEJAVAM A **CHEGADA** DE UM **NOVO** *tempo* PARA QUE AS REGRAS MILENARES **IMPOSTAS ÀS** *mulheres da China* FICASSEM NO PASSADO.

Os primeiros versos de
Xu foram inspirados
em uma prima que ela
amava muito.

Ficou viúva cedo e
nunca mais quis casar.

Gostava de olhar as
carpas nadando contra
a correnteza cheias de
perseverança e valentia.

O governo chinês prendeu e matou Qiu.

Hoje ela é considerada uma heroína em seu país.

Xu nunca deixou a amiga ser esquecida.

annie

& cecilia

Quando era pequena, costumava observar o céu à noite e fazer anotações em um caderninho iluminado pela luz de uma vela. Já adulta, esta astrônoma fabulosa inventou um sistema para classificar as estrelas tão bom que é usado até hoje! Chegou a catalogar mais de 250 mil corpos celestes!

Em seu tempo, poucas escolas e universidades aceitavam alunas nas salas de aula. Precisou cruzar um oceano inteiro para poder pesquisar astronomia. Ainda bem que deu certo, pois ela descobriu algo que a humanidade sempre quis saber: do que são feitas as estrelas!

Annie Jump Cannon
Estados Unidos, 1863-1941

Cecilia Payne-Gaposchkin
Inglaterra, 1900-1979

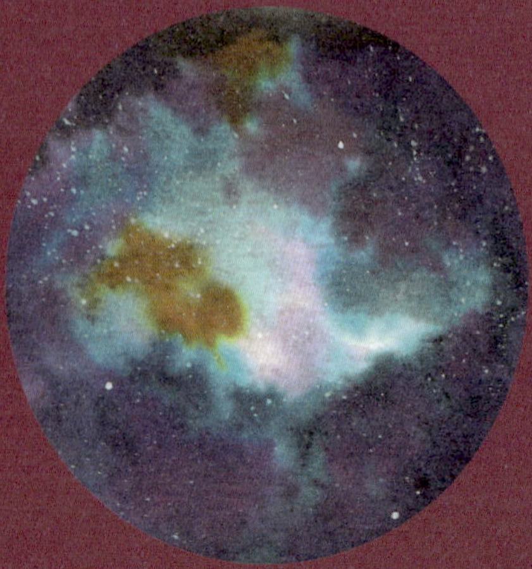

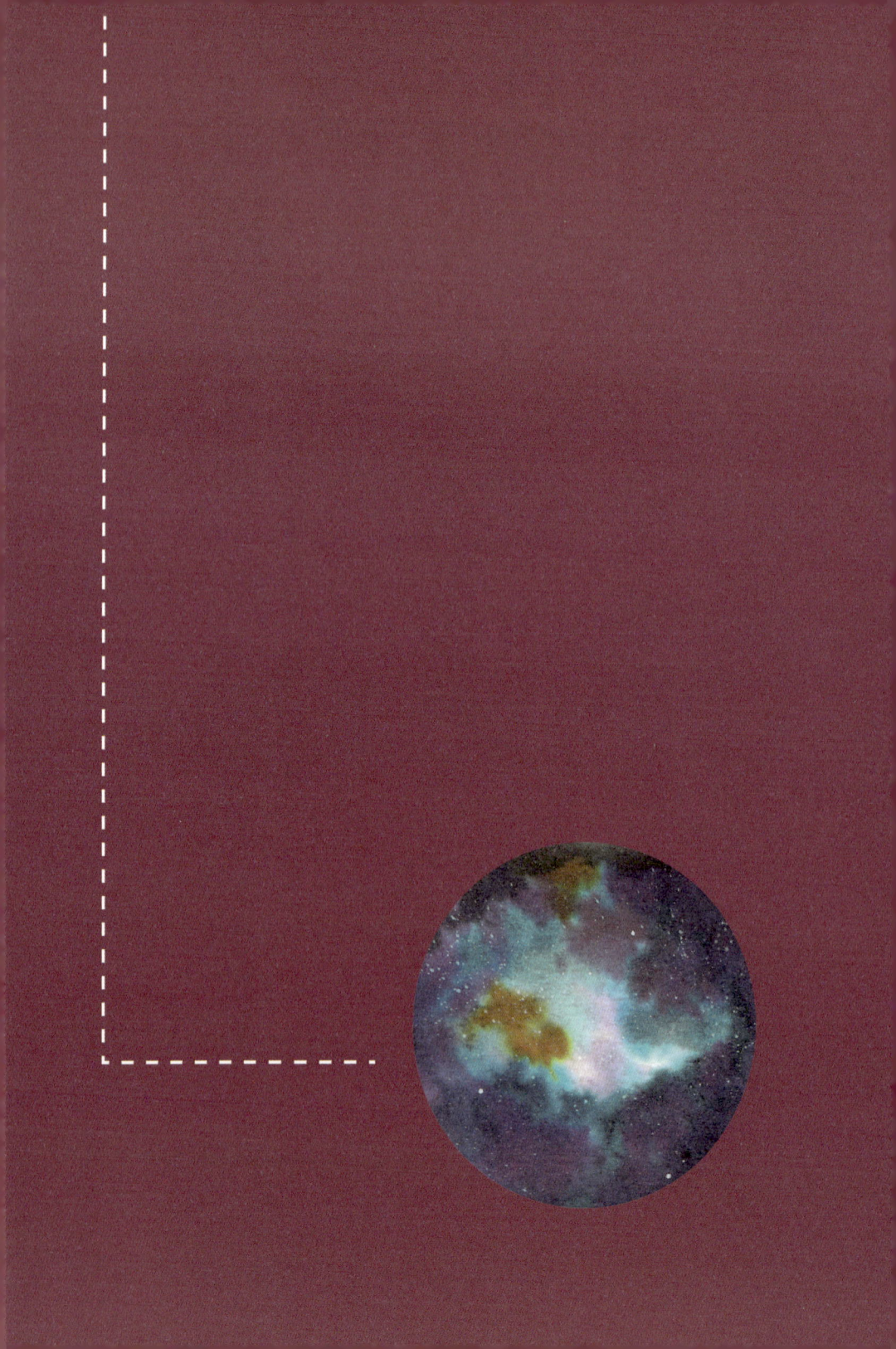

1923

Surpresa! Ao chegar no Observatório da Universidade de Harvard, nos Estados Unidos, Cecilia foi recebida de braços abertos por uma equipe só de mulheres. A inglesa ficou impressionada com o acolhimento e a disposição de todas em compartilhar os saberes acumulados em anos de trabalho. A chefa do grupo era Annie, que, assim como as colegas, não era reconhecida como cientista, pois... não tinha nascido homem. Cecilia e Annie ficaram muito amigas e juntas escreveram uma nova página na história da astronomia.

Annie teve escarlatina na juventude e perdeu a audição por causa da doença.

Era muito detalhista e dona de uma memória de elefanta.

Gostava de fotografar viagens com sua câmera supermoderna!

ANNIE
FOI ENSINANDO PARA A COLEGA TUDO O QUE SABIA SOBRE
ESPECTROS ESTELARES
ATÉ QUE... *Eureca!*
CECILIA CONCLUIU QUE AS
ESTRELAS (O QUE INCLUI O SOL)
SÃO FEITAS DOS GASES
HÉLIO E **HIDROGÊNIO**.

Foi algo tão **REVOLUCIONÁRIO** que BUGOU o cérebro dos astrônomos da época e eles disseram que *era impossível que* CECILIA *estivesse* *correta.*

Cecilia pensava em estudar botânica, mas mudou de ideia depois de ver uma palestra sobre a relação entre eclipses solares e a Teoria da Relatividade.

Curiosa até não poder mais, amava o funcionamento de átomos e moléculas.

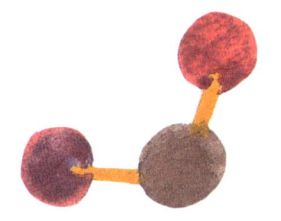

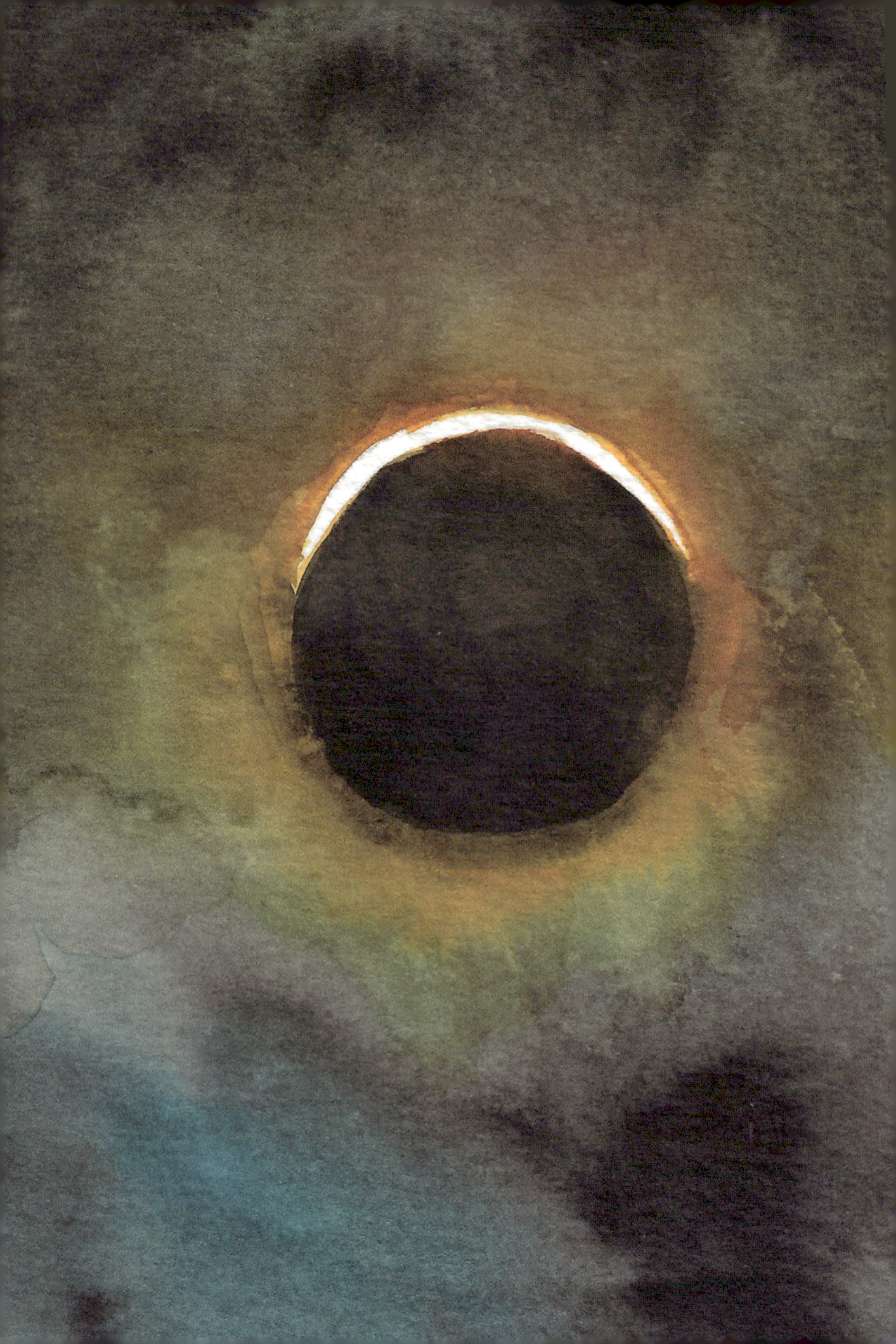

Depois, seu estudo ficou conhecido como —A TESE— MAIS EXTRAORDINÁRIA DA HISTÓRIA DA ASTRONOMIA.

Annie e Cecilia foram amigas
por toda a vida.

Uma era modelo para a outra.

Elas nunca cansaram de admirar uma noite estrelada.

chavela

& Frida

Inquieta e determinada, partiu muito cedo em busca do seu grande sonho: viver da música. Conseguiu o que queria enfrentando tabus e deixando sua marca nos lugares por onde cantava. Quando subia no palco, ninguém piscava!

Adorava fazer autorretratos e não tinha vergonha de colocar os próprios sentimentos em seus quadros. Desde muito jovem enfrentou problemas sérios de saúde, mas seguia em frente e de cabeça erguida. Uma pintora que transformou a vida em arte!

chavela vargas
Costa Rica, 1919-2012

Frida Kahlo

México, 1907-1954

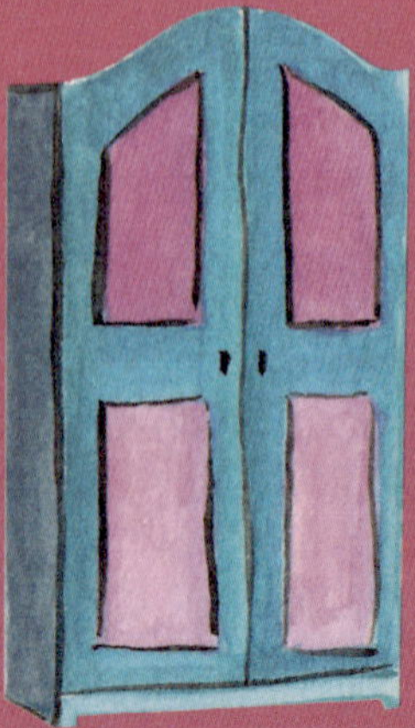

1944

Um dia, Chavela foi convidada para uma festa na casa azul de Frida. Ao chegar lá, ficou impressionada com toda aquela movimentação. Seus olhos brilharam! Artistas e amantes das artes se reuniam ali em encontros pra lá de animados que só acabavam altas horas da madrugada. As duas passaram a noite toda conversando. Quando o dia nasceu, Frida convidou a nova melhor amiga para dormir lá. Chavela topou, depois ficou mais uma noite, mais outra... e a estadia acabou durando todo aquele verão!

Para elas, era uma imensa bobagem esse negócio de roupa de menina e roupa de menino: cansada de tropeçar nas saias longas, Chavela optou por ponchos maravilhosos e que deixavam à mostra o que nenhuma mulher ousava vestir: calça comprida. Que escândalo!

A NATUREZA ERA
sábia, mágica e
≋ SAGRADA ≋
PARA ELAS!

AMAVAM
com todas as forças
o *México*
e a riqueza ancestral
do país.

Bem jovem, Frida aparecia nas fotos de família de terno e gravata. Mais tarde, começou a usar roupas coloridas e floridas que exaltavam a cultura asteca.

María Isabel Anita Carmen de Jesus Vargas Lizano Magdalena Carmen Frida Kahlo y Calderón

Frida e Chavela tinham nomes enormes e com "Carmen" no meio!

FRIDA ADORAVA OUVIR **CHAVELA** CANTANDO *La Llorona* (A CHORONA), *canção popular* QUE HOMENAGEIA A LUA.

CHAVELA ADORAVA OLHAR O QUADRO *Las Dos Fridas* (AS DUAS FRIDAS), **UM AUTORRETRATO** DUPLO PINTADO PELA AMIGA.

Chavela e Frida também namoraram uma com a outra.

Juntas aprenderam coisas lindas.

Foram mulheres livres!

ivone

& nise

Primeira mulher a fazer parte do grupo de compositores de uma escola de samba, é conhecida como uma grande cantora. O que muita gente não sabe é que, apesar das dificuldades para conseguir estudar, se formou enfermeira. E também foi muito talentosa na profissão!

Entrou com 15 anos na faculdade de medicina, onde só tinha colegas e professores homens. Magrinha e pequena, virava uma giganta quando falava de seus pacientes. Ou melhor, clientes, como gostava de se referir às pessoas que tratava.

ivone lara

Brasil, 1921-2018

Nise da Silveira

Brasil, 1905-1999

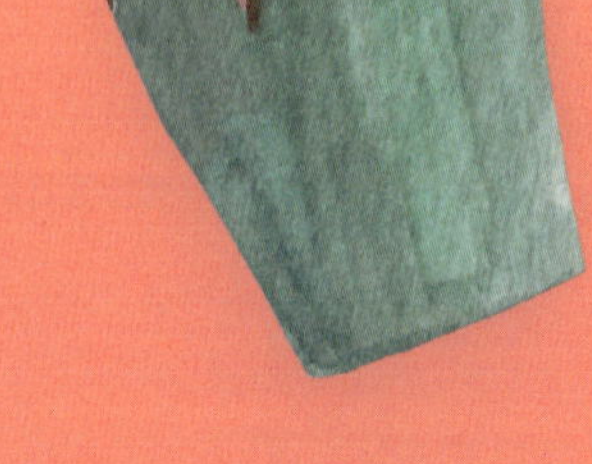

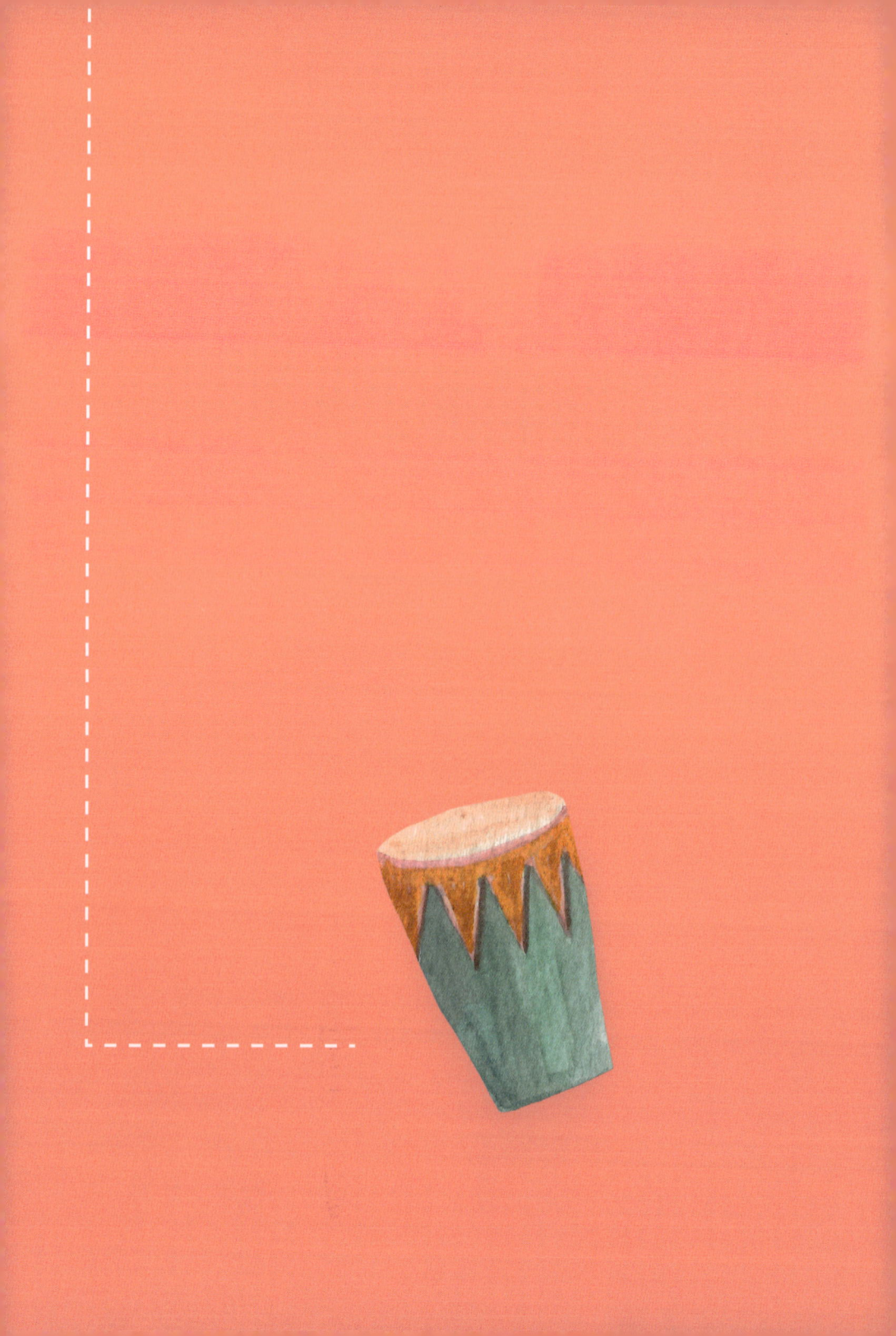

1946

Foi no trabalho que se conheceram. Ivone era enfermeira e Nise, a nova médica que chegava ao Centro Psiquiátrico Nacional – um conhecido hospital especializado em problemas mentais, no bairro Engenho de Dentro, no Rio de Janeiro. Muitas pessoas eram abandonadas ali pela família e recebiam um tratamento extremamente cruel; até choques, levavam! Aquilo não parecia nada certo para Ivone e Nise, por isso elas preferiam dar outros remédios às pessoas chamadas de loucas: arte e afeto. Nise, então, organizou um tipo de ateliê e contou com Ivone para o sucesso de seu plano.

Carioca, Ivone conhecia bem a cidade e era uma espécie de detetive. Ficava investigando a vida dos internos para procurar por suas famílias, e achou várias delas.

Mobilizava a comunidade toda e conseguiu instrumentos para fazer oficinas de música. As festinhas no hospital eram animadíssimas!

Na seção de terapia ocupacional, os pacientes *podiam pintar, costurar, fazer esculturas, dançar.* Ficavam mais calmos e conseguiam explicar melhor os próprios sentimentos. Em muitas obras apareciam **MANDALAS**, formas circulares consideradas um esforço de reorganização da *mente.*

Nise chamava os animais de "coterapeutas", pois eles também ajudavam no tratamento dos ~~pacientes~~ clientes.

Os doutores do hospital muitas vezes debochavam daquela médica nordestina. Nise balançava seus ombrinhos para eles e seguia em frente.

Os clientes produziram
muitas obras.

Nise e Ivone eram só orgulho.

O hospital hoje abriga o MUSEU DE IMAGENS DO INCONSCIENTE, com mais de 300 mil trabalhos DE ARTE.

Ella

& marilyn

Uma voz poderosa: conseguia ir super-rápido do tom agudo ao grave como se fosse a coisa mais fácil do mundo. Escolheu o jazz, conquistou prêmios por toda a vida e é considerada por muita gente a maior cantora do século XX!

Uma das atrizes de cinema mais famosas de todos os tempos! Arrastava multidões de fãs e fotógrafos por onde passava. Mesmo quem não viveu naquela época já viu seu rosto em algum lugar, pois foram feitos muitos cliques desta grande artista!

Ella Fitzgerald
Estados Unidos, 1917-1996

Marilyn Monroe
Estados Unidos, 1926-1962

1955

Naquela época, os filmes musicais estavam fazendo um sucesso enorme! Então, toda vez que Marilyn se preparava para um novo papel, estudava bastante canto. E buscava inspiração nos discos e na voz afinadíssima de Ella. Cansada de esperar para ver sua amiga e cantora favorita ser chamada para se apresentar nos palcos da Mocambo, uma das casas noturnas mais badaladas de Hollywood, Marilyn ligou para o dono do lugar e prometeu se sentar na primeira fila em todos os shows da diva do jazz. Garantia de ingressos vendidos e muitas fotos nos jornais, o sujeito deve ter pensado... E topou na hora, claro! Alguém no mundo recusaria?

Ella era reconhecida por seu talento, mas sofria preconceito por ser uma mulher negra e fora dos padrões.

Perdeu a mãe aos quinze anos e carregou essa grande tristeza pelo resto da vida.

Ella achava Marilyn uma mulher à frente de seu tempo.

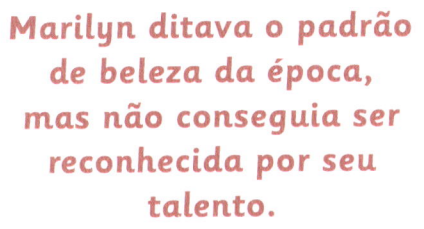

Marilyn ditava o padrão de beleza da época, mas não conseguia ser reconhecida por seu talento.

Viu a mãe sofrer de graves problemas psiquiátricos e passar grande parte da vida internada.

Marilyn achava Ella uma mulher destemida como poucas.

"ALÉM DA FAMA," TIVERAM EM COMUM UMA **INFÂNCIA DIFÍCIL**. <u>ELLA</u> NÃO CONVIVEU COM O PAI E <u>MARILYN</u> NEM CONHECEU O SEU.

As duas passaram por ORFANATOS. Ficaram famosas AINDA JOVENS e eram um pouco TÍMIDAS...

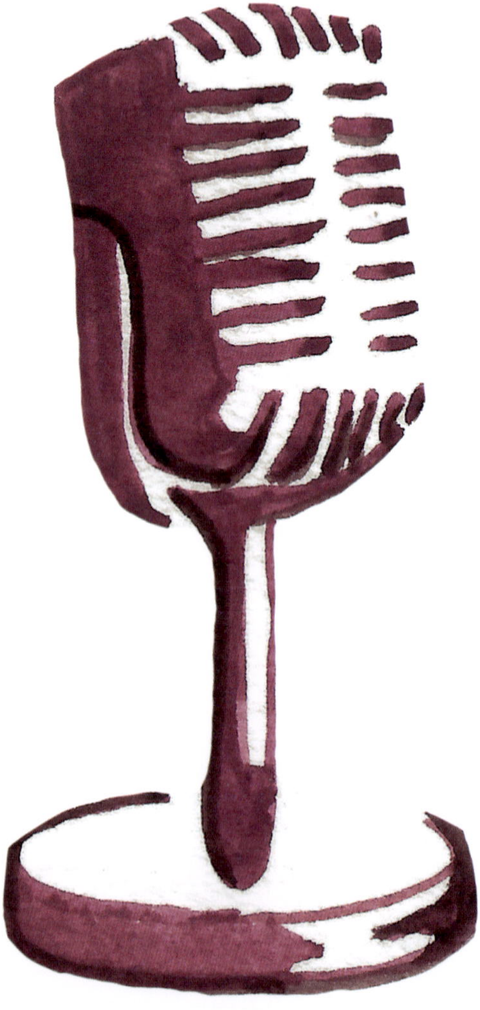

Viveram em uma época onde a segregação racial era lei nos Estados Unidos, e pessoas negras e brancas ficavam separadas em ônibus, escolas, hospitais, teatros...

Muitas vezes, artistas negras e negros eram obrigados a entrar pela porta dos fundos dos lugares onde iam se apresentar.

Ella arrasou no Mocambo,
como era de se esperar.

Marilyn estava na plateia.

E aplaudiu de pé a amiga que também era sua ídola!

mae

& NICHELLE

Primeira astronauta negra da história! Da órbita da Terra, olhou para a cidade em que cresceu lá embaixo e lembrou que desde pequena sabia que iria para o espaço! É médica, engenheira química e professora!

Atriz que deu vida a uma das personagens mais conhecidas das séries feitas nos Estados Unidos: a Tenente Uhura, de Star Trek — ficção científica que estreou nos anos 1960. Antes dela, nenhuma protagonista negra tinha sido vista na televisão.

Mae Jemison
Estados Unidos, 1956

NICHELLE NICHOLS
Estados Unidos, 1932

1993

Mae deve ter se beliscado para acreditar. Estava prestes a entrar no estúdio de gravação de sua série fa-vo-ri-ta na infância! Pela primeira vez uma astronauta de verdade faria uma participação especial em *Star Trek*. Respirou fundo, entrou em cena e mandou ver no papel da tenente Palmer. O mais incrível de tudo foi que ela encontrou Uhura, quer dizer, Nichelle, que foi no set de filmagem só para vê-la. Do que será que elas falaram — semelhanças e diferenças do espaço na ficção e na vida real?

Mae quis ser astronauta por causa de Nichelle. Quando assistia aos episódios com Uhura, enxergava a si mesma no futuro.

Quando criança, viu pela tevê a chegada do homem à Lua e pensou que o correto era ter ido uma mulher também.

Quase escolheu ser bailarina. Como médica, trabalhou nas Forças de Paz em vários países.

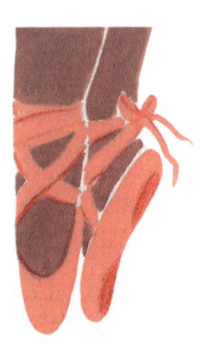

Na sua vez de **SUBIR** em um **FOGUETE**, levou na mala objetos do **CONTINENTE AFRICANO** e uma foto de *Bessie Coleman*, a primeira mulher negra a ser **PILOTA** *internacional*.

Ficou emocionada ao ouvir do ativista *Martin Luther King* que seu SUCESSO era um EXEMPLO para a juventude *negra*.

No começo da carreira, Nichelle foi cantora e dançarina, sempre muito charmosa.

Em 1968, encenou um dos primeiros beijos da tevê estadunidense entre uma pessoa negra e outra branca: um momento romântico entre os tripulantes da nave *Enterprise*, Uhura e Kirk...

Mae e Nichelle adoram participar de eventos juntas.

Querem que as meninas saibam que podem ser cientistas.

E que, o céu é o limite para todas!

emma

& Malala

As crianças e adolescentes de hoje sabem muito bem quem ela é! Aos nove anos foi escolhida para interpretar um papel especial no cinema. Foram vários filmes e o público viu a pequena atriz crescer junto com a personagem.

Pessoa mais jovem na história a ganhar um Nobel da Paz, aos 17 anos. Desde muito pequena defende o direito de as meninas frequentarem a escola, o que em muitos lugares do mundo ainda não é permitido.

emma watson

França, 1990

MALALA YOUSAFZAI
Paquistão, 1997

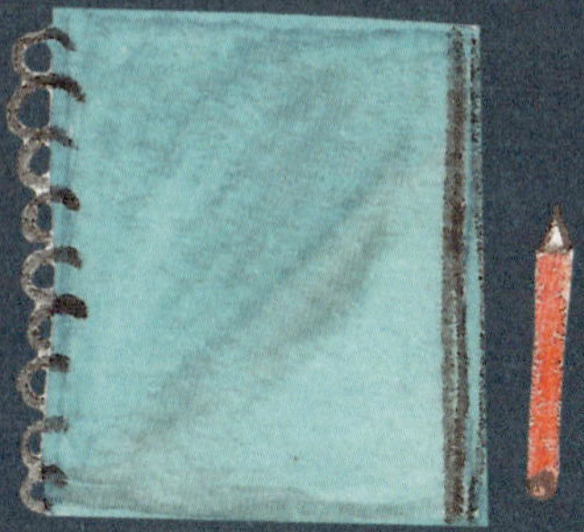

2015

A vida de Malala foi contada em um documentário por causa do terrível atentado que ela sofreu aos quinze anos. Um integrante do grupo extremista Talibã atirou em sua cabeça, acertando também outras colegas que estavam junto com ela. Eles não admitiam que meninas estudassem e não aceitavam opiniões contrárias, como a de Malala, que escrevia sobre o assunto em um blog. Por sorte, todas sobreviveram, mas Malala precisou mudar de país com a família por segurança. Sua coragem em defender a educação correu o mundo e chegou ao cinema. Na estreia do filme, Emma entrevistou Malala, e a grande admiração mútua se transformou em amizade diante das câmeras.

"SE NÃO EU, quem? SE NÃO AGORA, quando?"

Trecho do discurso que Emma fez na ONU (Organização das Nações Unidas), em 2014.

Emma ficou famosa
por dar vida a Hermione,
da saga Harry Potter, criada
pela escritora J. K. Rowling.
Assim como a personagem,
Emma sempre foi ótima
aluna (Malala também!).

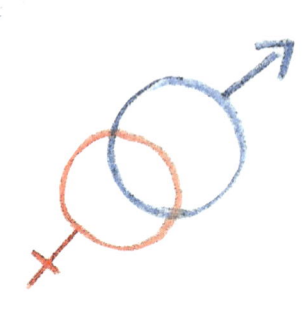

Para Malala, a opressão
contra as mulheres também
faz muito mal aos meninos,
e é importante que eles apoiem
as meninas nessa luta (Emma
também pensa assim!).

Ela contou na entrevista que
entendeu melhor o significado
da palavra feminismo ao ouvir o
discurso de Emma na ONU.
E que, a partir de então, passou
a se considerar feminista,
"um outro nome que se dá
para igualdade".

"Uma criança, um professor, um livro e uma caneta podem mudar o mundo."

Trecho do discurso que Malala fez na ONU em 2013.

A entrevista de Emma com Malala
já foi vista por milhões
de pessoas.

Elas continuam sendo
muito estudiosas.

E continuam sendo ativistas dos direitos das meninas e das mulheres!

angélica

& Amma

Nas aulas de língua portuguesa, algo não fazia o menor sentido: mesmo quando a frase se referia a um grupo com várias gurias e apenas um guri, as palavras ficavam no masculino! Mas por que isso, minha gente?

Desenhava nas paredes do quarto suas personagens preferidas. Na escola, era aquela que sempre fazia os mapas e as bandeiras. E também algumas caricaturas dos professores... que bem deviam se divertir com essa aluna!

Angélica Kalil

Brasil, 1972

MARIAMMA FONSECA

Brasil, 1987

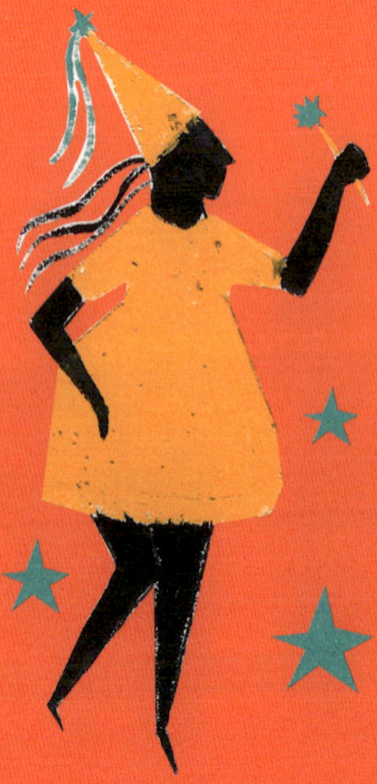

2020

Amigas que se encontraram na história parecia um belo título para um lindo livro. Angélica e Mariamma cultivaram essa ideia no peito durante alguns meses. Quando brotou, não conseguiram mais parar de produzir até que todas as páginas ficassem prontas. Desde que se conheceram, se divertem muito juntando os textos de uma com os traços da outra. Durante o tempo em que estiveram inspiradas por este trabalho, se lembraram das amigas que tiveram ao longo da vida e perceberam como o perfume de todas estará sempre com elas.

Angélica é gaúcha e mora em São Paulo.

Na infância e adolescência, gostava de brincar de faz de conta, assistir *Mulher Maravilha* e ler sobre grandes mestres da pintura.

Amma é baiana e mora em Belo Horizonte.

Na infância e adolescência, já quis ser antropóloga, teve uma banda só com garotas e não perdia um mangá da Sailor Moon.

AS DUAS TÊM *muito* EM COMUM!

- VOCÊ É FEMINISTA E NÃO SABE
- O CALIBÃ E A BRUXA
- UM DEFEITO DE COR
- O SEGUNDO SEXO
- O CÁLICE E A ESPADA

SE FORMARAM EM JORNALISMO.

APELIDOS CURTINHOS:

Eca *Amma*

SÃO DO SIGNO DE *libra*, E SUAS FILHOTAS, *geminianas*: A TARSILA E A IARA!

As duas têm irmãs mais novas!

Com a **Cristina**, Angélica brincava de fazer **comidinhas** de terra, folhas e **flores**.

Para **MARINA**, amma desenhava as fadinhas e sereias que ela pedia.

O livro ficou pronto...

Angélica e Amma ficaram
muito felizes!

Elas são amigas que sonham juntas!

Quem são as amigas da sua história?

Amigas pelo mundo

- ESTADOS UNIDOS
- MÉXICO
- COSTA RICA
- BRASIL
- BOLÍVIA

IRLANDA
INGLATERRA
FRANÇA
PAQUISTÃO
CHINA

AHHH!

Nota das autoras

Pensa em duas pessoas felizes: nós duas quando recebemos o prêmio Jabuti, um dos mais importantes da literatura brasileira! *Amigas que se encontraram na história* foi considerado o melhor livro de 2021 na categoria juvenil. Uma alegria que não cabe no peito!

Foi uma honra esse reconhecimento. E também poder revelar para meninas, meninos e menines personagens históricas que viveram na mesma época, se conheceram e foram amigas. A sociedade patriarcal quer nos fazer acreditar que não damos as mãos umas pras outras, ou que estamos sempre competindo, mas as pesquisas que fizemos mostraram exatamente o contrário. Não teríamos conseguido superar tantas adversidades do mundo sexista em que vivemos se não nos apoiássemos. Além do mais, muitas conquistas históricas se devem justamente às alianças entre mulheres. Desta união que faz a força se descobriu, por exemplo, do que são feitas as estrelas, algo que a humanidade sempre buscou entender, e que só conseguiu graças a duas amigas. Por que nunca nos contaram isso, gente?

Também não nos contaram sobre as mulheres que lideraram revoltas contra a opressão de seus povos. Pouco sabemos das que foram grandes rainhas e líderes. Das que inovaram na área da saúde, não há quase nada registrado. Também é muito raro encontrar informações sobre as que foram revolucionárias em seu tempo. Houve inúmeras artistas que mudaram a forma de vermos a arte, mostradas apenas a partir de um viés masculino. Cadê as histórias das que foram atuantes nas ciências? E das ativistas?

Durante quase dois anos, nos debruçamos sobre livros, filmes, séries, fotografias, pinturas, músicas, peças teatrais, exposições, reportagens... Era como se tivéssemos uma lanterna jogando luz em pequenos trechos de uma floresta escura. Ao encontrar um pedaço de história, íamos juntando com outros até formar a narrativa que está aqui.

Ivone e Nise

Mae e Nichelle

Ella e Marilyn

A pesquisa para a escrita se misturou com a das imagens e técnicas de ilustração. E, depois de vários testes, um traço manual, feito com guache e lápis de cor, foi o que achamos mais expressivo para retratar as personagens. Cada dupla de amigas tem uma paleta de cores própria, pensada para ambientar o tempo e o espaço em que viveram. Os desenhos de apoio acabaram ganhando mais importância do que prevíamos por revelarem o mundo exterior e interior das amigas.

Não somos eternas meras coadjuvantes, somos protagonistas também. Como autoras, o *Amigas que se encontraram na história* transformou nosso olhar sobre nós mesmas e sobre nossas amigas. Desejamos que isso também aconteça com você.

Feminismo é acreditar em um mundo melhor.

Beijos,
Angélica e AMMA

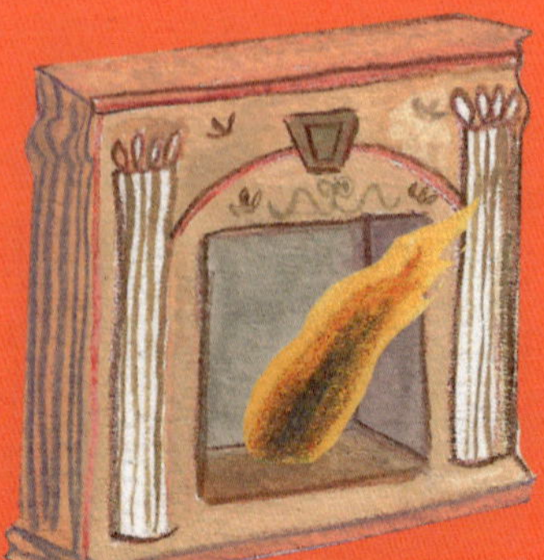

Agradecimentos

Obrigada Constança Guimarães, por nos mostrar a história de Annie e Cecilia na série *Cosmos,* de 2014, e Maite Bermudez por encontrar uma publicação que foi ótima para a pesquisa desta dupla; Ana Maria Domingues de Oliveira, por nos contar sobre a Chavela e a Frida quando foi apoiadora do *Você é feminista e não sabe* e depois nos emprestar um livro que usamos muito; Giselle Christina, por observar, em uma entrevista para o canal Você É Feminista e Não Sabe (no YouTube), que Ivone era enfermeira e trabalhou com a Nise; Thiago Cotta, por dar a ideia de incluir a nossa amizade no último capítulo e sempre nos ajudar; Zezé Falkemberg Retamal, por fazer uma leitura do texto com seu olhar de pedagoga; Catarina Matere, por fazer uma leitura com seu olhar de criança; Analu Buchmann, pela conversa sobre formas inclusivas de linguagem; Flávia Carvalho e Samara Horta, pelas dicas e apoio nas tardes da Seiva Ateliê; e obrigada a todas as amigas e amigos que nos incentivaram a seguir com este projeto.

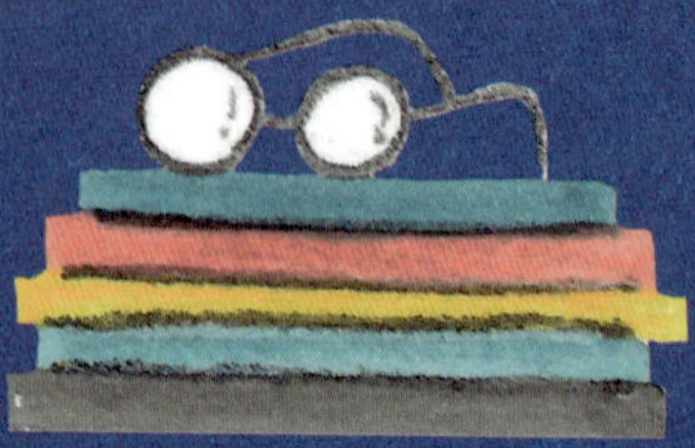

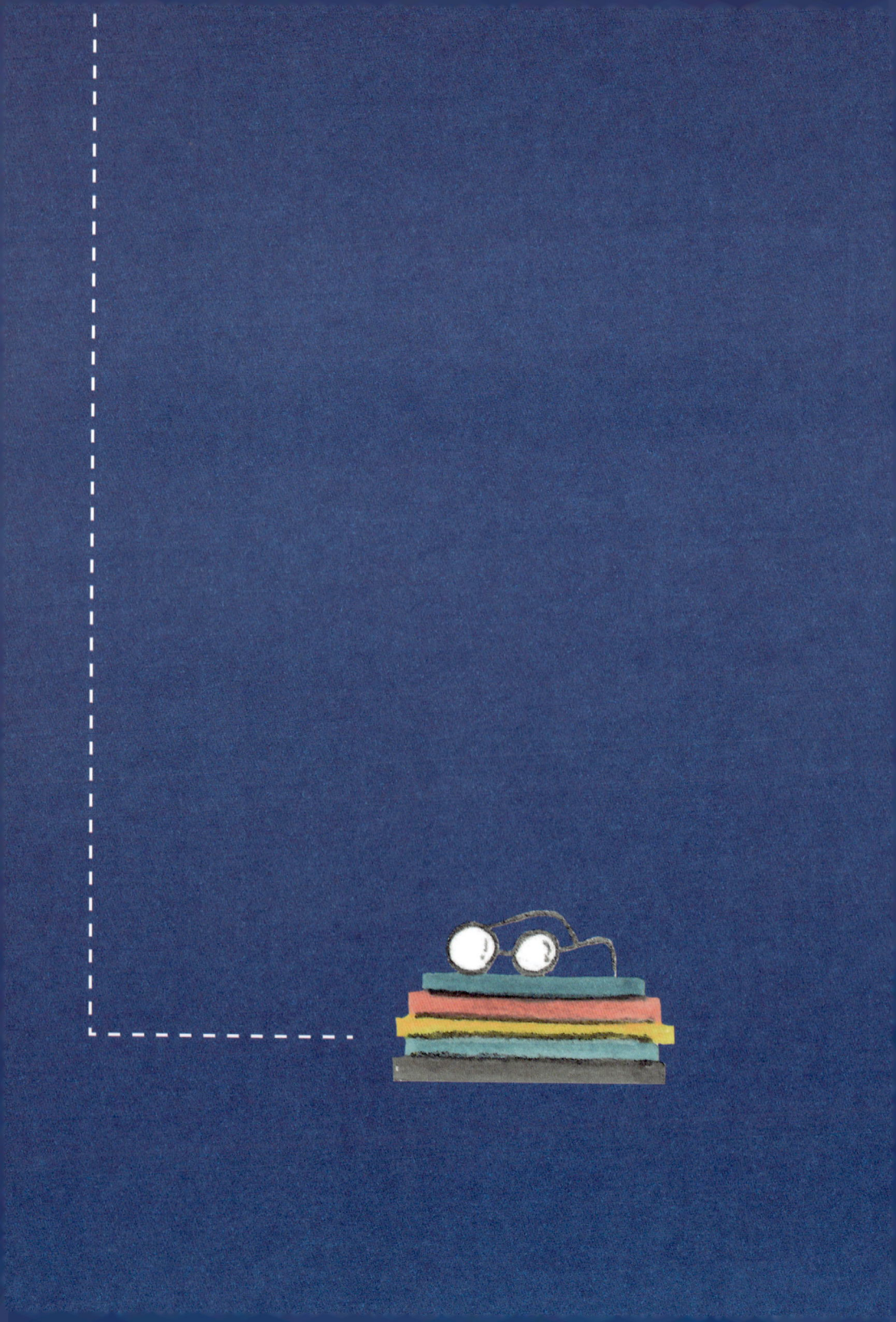

nossa pesquisa

A pesquisa para o *Amigas que se encontraram na história* foi uma incrível jornada entre livros, filmes, séries, músicas e sites. Os principais estão nesta listinha:

FAVILLI, Elena; CAVALLO, Francesca. *Histórias de ninar para garotas rebeldes*. São Paulo: V&R, 2017.

IGNOTOFSKY, Rachel. *As cientistas: 50 mulheres que mudaram o mundo*. São Paulo: Blucher, 2017.

MAGGS, Sam. *Wonder Women: 25 mulheres inovadoras, inventoras e pioneiras que fizeram a diferença*. São Paulo: Primavera Editorial, 2017.

MANGAN, Lucy. *Mulheres notáveis*. Il. de Sarah Papworth. São Paulo: Publifolha, 2018.

PANKHURST, Kate. *Grandes mulheres que mudaram o mundo*. São Paulo: V&R, 2019.

SCHATZ, Kate. *Mulheres incríveis*. Il. de Miriam Klein Stahl. Bauru: Astral Cultural, 2017.

SOUZA, Duda Porto de; CARARO, Aryane. *Extraordinárias: Mulheres que revolucionaram o Brasil*. São Paulo: Seguinte, 2017.

THOMÉ, Débora. *50 brasileiras incríveis para conhecer antes de crescer*. Rio de Janeiro: Galera, 2017.

ELIZABETH & GRACE

ELIZABETH I: A rainha virgem, série dirigida por Coky Giedroyc. Reino Unido, BBC Television, 2005. 237 min.

ELIZABETH, filme dirigido por Shekhar Kapur. Estados Unidos, 1998. 114 min. 14 anos.

PRIETO, Heloisa; SCATOLIN, Victor. *Grace O'Malley: A pirata invencível*. Il. de Angelo Abu. São Paulo: Edições SM, 2015.

GRACE O'MALLEY. Site. Disponível em: <graceomalley.com>.

BARTOLINA & GREGORIA

DE SILES, María Eugenia del Valle. *Bartolina Sisa y Gregoria Apaza: Dos heroínas indígenas*. La Paz: Biblioteca Popular Boliviana de Ultima Hora, 1981.

REAL ACADEMIA DE LA HISTORIA. Site. Disponível em: <dbe.rah.es>.

QIU & XU

LEE, Lily Xiao Hong; STEFANOWSKA, A. D. *Biographical Dictionary of Chinese Woman*. Nova York: Routeledge, 2015. V.1: The Qing Period (1644-1911).

ANNIE & CECILIA

COSMOS: A Spacetime Odyssey, com Neil Tyson, série digirida por Brannon Braga, Bill Pope, Ann Druyan. Temporada 1, Episódio 8: Sisters of the Sun. Estados Unidos, 2014.

HATHAWAY, Nancy. *The Friendly Guide to the Universe*. Londres: Penguin, 1994.

CHAVELA & FRIDA

CHAVELA, documentário dirigido por Catherine Gund e Daresha Kyi. Estados Unidos, 2017. 89 min.

FRIDA, filme dirigido por Julie Taymor. Estados Unidos, 2002. 123 min. 14 anos.

VARGAS, Chavela. *Y si quieres saber de mi passado.* Madri: Aguilar, 2002.

IVONE & NISE

DONA IVONE LARA: um sorriso negro, espetáculo musical dirigido por Jô Santana. 12 anos.

OCUPAÇÃO DONA IVONE LARA. Itaú Cultural, 2015. Disponível em: <itaucultural.org.br/ocupacao/dona-ivone-lara>.

OCUPAÇÃO NISE DA SILVEIRA, Itaú Cultural, 2017-8. Disponível em: <itaucultural.org.br/ocupacao-nise-da-silveira>.

Museu de Imagens do Inconsciente. Site. Disponível em: <museuimagensdoinconsciente.org.br>.

ELLA & MARILYN

FIDELMAN, Geoffrey Mark. *Ella Fitzgerald: A primeira dama do jazz.* Rio de Janeiro: Francisco Alves, 2001.

MARILYN AND ELLA, musical de Bonnie Greer, dirigido por Colin McFarlane. Inglaterra, 2008. 120 min.

O PODER DA VOZ de Ella Fitzgerald e o gesto amigo/político de Marilyn Monroe. Disponível em: <bit.ly/3kEfF7L>.

MAE & NICHELLE

ONE STRANGER ROCK, série dirigida por Graham Booth, Christopher Riley, Nat Sharman, Nic Stacey. Temporada 1, Episódio 8: Allien. Estados Unidos, 2018. 47 min. 14 anos.

EMMA & MALALA

CARRANCA, Adriana. *Malala, a menina que queria ir para a escola.* Il. de Bruna Assis Brasil. São Paulo: Companhia das Letrinhas, 2015.

DISCURSO de Emma Watson na ONU, 2014. Vídeo legendado disponível em: <youtu.be/LilHa3wC8Uc>.

DISCURSO de Malala ao receber o prêmio Nobel, 2014. Disponível em: <youtu.be/c2DHzlkUI6s>.

ENTREVISTA de Emma com Malala, 2015. Disponível em: <youtu.be/NKckKStggSY>.

MALALA, documentário dirigido por Davis Guggenheim. Estados Unidos, 2015. 88 min. 10 anos.

YOUSAFZAI, Malala; LAMB, Christina. *Eu sou Malala.* São Paulo: Companhia das Letras, 2013.